「だいどこ道具 ツチキリ」へようこそ

ALBERTO
LIMONE
Maldon
SEA SALT

POCO Sponge
POCO Sponge
POCO Sponge
POCO Sponge
POCO Sponge
Kamenoko JUMP
Kamenoko JUMP
00:00

はじめに

ANTHONY
MAGNETIC
SOAP HOLDER
FOR EVERY NOOK AND CORNER OF YOUR HOME
REDECKER
Kamenoko Sponge
ポットブラシ
¥770
¥944
亀の子スポンジ
亀の子スポンジホルダー

２０１７年５月、開店と同時にインスタを始めました。初期の投稿は店内の写真ばかり。商品は少なくて棚はスカスカです。お祝いの友人たちの波が去ると、お店はシーンと静まり返り、天気が悪い日はお客さま１人、売り上げ５００円なんて日もありました。そして開店から１カ月ごろのインスタにこんな文章があります。

だいどこ道具ツチキリのおすすめ道具『出汁とり鍋』を２日連続でお買い上げくださるお客様が……う、うれしい。この鍋の良さをちゃんとお伝えできただろうか？　言い忘れたことはなかったかな。閉店後　やりとりした言葉をゆっくりと思い返し、気合を入れて味噌汁を作る。結果、どんなふうに作ってもこの鍋でつくる味噌汁はおいしいのであった。　店主

自分がいいと思った道具を、お客さまにおすすめして、そして購入していただく……その緊張と喜びはいつまでも忘れてはいけない、そう思います。井の頭公園駅から徒歩８分、こんなへんぴな場所にあるのにもかかわらず、わざわざ来てくださるお客さま。どこにでもあるようなものばかりじゃ申し訳ない。「もの」じゃなくても「なにか」を持って帰ってもらいたい。新しい知識？　楽しい時間？　道具との偶然の出会い？　何でもいいんです。いつもそんなふうに思っています。

「だいどこ道具ツチキリ」　土切敬子

もくじ

わが家の10年もの

台所仕事を楽しくするもの

＊掲載商品はすべて2021年11月現在の取材時点のものです。
一部は販売を終了しているものもあります。あらかじめご了承ください。
＊商品の価格はすべて税込みです。

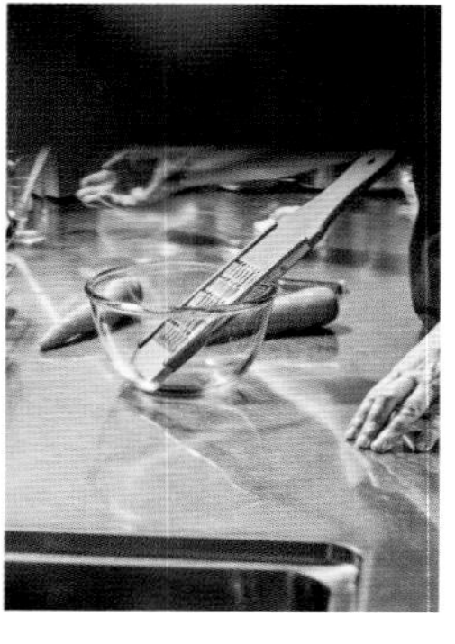

「だいどこ道具 ツチキリ」ができるまで

私がお店を開こうと思った理由

２０１７年５月、井の頭公園のそばにツチキリはオープンしました。駅から少し歩いたところにある小さなお店です。ここで扱うのは、店主の私が実際に使って何度も試して「これはいい！」と思った台所道具。自信を持っておすすめするものばかりです。

なぜ、台所道具の店を開いたのですか？　とよくきかれるのですが、答えは「台所道具が好きだから」といたってシンプル。意外性のまったくない答えで申し訳ないくらい。

大学生になると同時に一人暮らしを始め、自炊をするようになると「このおたま、もう少し浅いほうが使いやすいのに」とか「この鍋はかわいいけど重くて出すのがめんどう」など、台所道具のいろいろなことが気になってきました。新しい道具を見つけては使ってみるの繰り返し。そのうち、かわいいだけでなく、機能的にもすぐれたものを探すようになりました。そのころ工芸工業デザインを学びだしたことが影響しているかもしれません。

お店を開きたいと思ったのは、子どもが大学生になるころです。子育てに専念していた時期もありますが、常にデザインにかかわる仕事をしてきました。大学院修了後に勤めたのは、大手寝具メーカー。それまではアート志向だったので葛藤もありましたが、仕事をしているうちに私は生活に根ざしたものを扱うのが向いていると思いはじめたのです。その後、何社かを経て勤めた紅茶専門店では、それまでの大きな会社と違い、何が人気かなどお客さまの声を肌で感じることができ、小売りのシステムもほんの少しわかってきました。それらの経験がいつしかお店を開きたいという気持ちへと向かわせていたのです。そして、自分が自信を持っていることは何だろう、と考えたときに出てきた答えが「台所道具」。たくさんの道具を使っていろいろ試してきたという自負がある。この知識を人に教えてあげたい。そんなふうに思いはじめたのです。

できるなら、自宅でお店を開きたい

お店を開くなら自宅で、という考えがすぐに見えるをよぎりました。自宅のキッチンがすぐに頭お店なら使っている雰囲気も伝わり、「ずっと使っていると、こんなふうに変化しますよ」とダメなところもひっくるめてお客さまに見せられる。デパートのように四角い箱の中に並んでいるだけではわからないことが伝えられる。こんな店があったらいいなと思う店を自分でつくればいい。もともとインテリアが好きだったこともあり、この古い家を使ってみなさんに来てもらえるお店がつくれないかな、と思いました。近所の人がどんどん来てくれる、社交場みたいになるといいな、なんてことも考えはじめたのです。

自宅でお店を開くと自分自身の気持ちは固まったものの、家族という大きな壁が立ちはだかりました。お店に改装しようと思っているのは自宅のリビング。つまり、今まで家族がくつろいでいた場所がなくなることを意味します。案の定、夫からは「おれの居場所がなくなる。どこにいればいいんだ」などの反対があり、加えて「こんな場所にお客が来るわけがない」とも。たしかに、この場所は井の頭公園駅から歩いて8分ほど。まわりにはお店も少なく、何かのついでに寄る……という立地ではありません。でも、もう私の「お店を開きたい」気持ちは止められません。

夫も負けてはいません。「あなたがやりたい店はどういう店? 扱う商品はどんなもの?」。事業計画を見せろというのです。それからというもの、今まで自分が使ってみていいと思った道具、

開店前に夫に提出した、事業計画書。あのときの熱意はすごかったなーとわれながら感心。

自分が欲しいもの、絶対に置きたい商品の写真を集め、資料として夫に提出する日々が始まりました。「あなた、自分の欲しいものだけを売ろうとしてるの？　趣味のものだけ？　高額なものばかり？」。資料を見せるたびに、夫からの追及は厳しさを増します。チクチクチクチクいじめてくれちゃって、とこちらも不満たらたらです。でもですね、夫の冷静なツッコミを受けるうちに、自分が開きたいのはどういう店なのか、扱いたい商品はどんなものなのかが、徐々にはっきりと見えてきたのです。開きたいお店の骨格ができ上がり、一本筋が通ってきたといいますか。

そして、うちの店で扱う商品の大枠を私はこんなふうに決めました。

・使い勝手と見た目の美しさの
　バランスがいいもの
・長く使えて、
　年を経るごとに味わい深くなるもの
・お客さまが手にとりやすいお値段の道具
・かっこよすぎず、
　ちょっとユーモアや愛嬌のあるもの
・作家性の強いものよりも、
　工業製品との中間のようなもの

そして、いちばんのウリは、長年主婦として台所仕事をしてきた目線です。みんなが困っていることが少しでも快適になるお手伝いがしたい。そして妥協点――ひとつの道具を選ぶ際、ＡとＢの機能それぞれにすぐれているものがあるなら、そのどちらをお客さまは優先させたいか――を見つけてあげる。さらには、わざわざこの店に来たくなるような道具を集めたい。

家族の説得には半年ほどを要し、やっと自宅を改装することになりました。自宅でお店を開くなら資金はそれほどかからないのでは？　という当

パイルレンジふきんは、見つけて以来、ずっとわが家の台所で活躍中。

ツチキリのパンフレット。ロゴはグラフィックデザイナーの夫作。家と台所の「台」の字をイメージしたそう。

パンフレットの写真も夫によるもの。エプロンをしているのは娘。今では、ふたりともとても協力的。

初の予想は思いきり裏切られ、出費は想像以上。自分が会社員時代にコツコツしてきた貯金のほぼすべてを改装資金にあてることになったのです。

うちで扱う商品のこと

商品を仕入れるときは、いつもドキドキです。売れるかどうかわからない。今までいろいろな道具を使ってきた経験と勘のみが頼りです。扱う商品に悩んでいるとき、お店の方向性を決定づけるものとの出会いがありました。それが、パイルレンジふきんです。鍋を買ったときに送料が無料になるという理由で、何の気なしに買ったふきん。使ってみると、びっくりするほど油汚れが落ちる！　水洗いすると、きゅっと絞れる。それまではマイクロファイバーのように手にくっつくような素材は苦手で、何でも天然素材がいちばんと思っていましたが、この絞りやすさは他と比べものになりません。サイズもちょうどよく、使っていてとても気持ちがいい。そのときに思ったのです。ふきん一枚でこんなに人を感動させるものがあるなんて！　今まで自分が主婦をしてきた経験上いえるのは、だれもが高いものを買いそろえられるわけではない。こういう快適に使えるものが、毎日の家事にはとても大事。「よし、このふきんを扱おう。みんなに教えてあげたい」と心を決めました。ちょうどそのころ『明日を変えるならスポンジから』というタイトルの本を目にしたばかりでしたので、私の場合はスポンジでなくふきんからだわ！　と思ったのでした。

もうひとつは、磁器でできたスパイスミルです。台所道具だけでなく、器も昔から大好き。私だけでなく女の人は器好きが多いから、やはり扱うべきかな。でも、器を扱っているステキなお店はすでにたくさんあるし、それほど広くないスペースに台所道具と器の両方を置けるのだろうか、など

パイルレンジふきん 400 円。一度使えばわかる、この使いごこち。

と悩んでいたとき、知人と行った展示会で見つけたのがこれでした。ホールの黒こしょうや好みのスパイスを入れて、手でごりごり回して好みの加減にひく道具です。「こういう道具、たたずまいがきれいで生活に楽しみを与えてくれる商品をツチキリさんで扱ってほしいな」との友人のひと言が決め手になりました。つまりは働く器です。今まで、陶器や磁器＝料理を盛るものと思っていたけれど、陶器や磁器のなかにも道具はある。料理をのせるだけでなく、＋αのあるもの、うちの店ではそういう陶器や磁器を扱おうと決めました。それから、仕入れるものへの迷いが少しずつ減っていったように思います。現在も店で扱う陶器や磁器は、炊飯土鍋やおひつ、塩つぼやにんにくポット、子どもや手が不自由なかたでもすくいやすい器など、何か特徴のあるものです。

磁器のペッパーミル3850円。ごりごりと手でひくのが楽しい。

そして開店。もうすぐ4年半になる、ツチキリです

開店してからの仕入れの苦労などは、それぞれの道具のページを読んでいただくとして。もうすぐツチキリは開店して4年半になります。4年半たって思うことは、台所道具は知れば知るほどおもしろいってことです。みんなが感じている不便をメーカーさんや職人さんの努力でいろんな角度から手直しし、少しずつ便利になっていく。でも、新しいものだけがいいわけではなく、昔からずっと使いつづけられているものにはそれだけの理由がある。これからも主婦目線を忘れずに、お客さまといっしょに、日々の台所仕事を豊かにすることを考えていけたらと思います。ツチキリの店は小上がりになっていますが、ここはお客さまと座りながらあれこれ話したいと思ってつくったスペース。いつでもお気軽に何でもきいてくださいね。

道具の組み合わせを考えるのが好き

もともとは別々の道具のサイズがぴたりと合う。
そんなときがいちばんうれしい瞬間です。
組み合わせることで新しい使い方が生まれ、
使う楽しみがまたひとつ増えるのです。

ガラスサーバーひとつで、コーヒーもお茶も

ツチキリではお客さまに道具を説明するときに「これとこれを組み合わせると便利ですよ」とメーカーの違う道具をいっしょに紹介することがあります。というのも、私は昔からメーカーの人も知らないような、オリジナルの組み合わせを見つけることにこれ以上ない喜びを感じるタイプ。そして、このシンデレラフィットをお客さまに話し、おすすめしたくなるのです。

なかでもお気に入りは、耐熱ガラスサーバーを使った組み合わせ。そもそも私はこのガラスサーバーが大好きなのです。目盛りつきのため計量に使え、電子レンジ加熱もできます。保温性も高く、水きれもよい。ガラス製には珍しく堅牢で、少しくらい雑に扱ってもビクともしません。口が広く、洗いやすい。卵液を混ぜるときや合わせ調味料、水溶き片栗粉を作るときにも使える働き者です。ただ、惜しいことに、最初からセットされているフィルターとふたは見た目がいまひとつ。そして、サイズの合うドリッパーさえあればコーヒーもいれられるのに……。ここから私の「あいぼう」探しが始まりました。じつはその昔、耐熱ガラス製のメジャーカップに陶器のドリッパーをのせてコーヒーをいれていたことがあり、あの使いごこちのよさが忘れられなかったのです。

ガラスサーバーは大小あり、小さいほうにはサイズがちょうどいいプラスチック製のコーヒードリッパーが見つかりました。では大きいほうに合わせるドリッパーはどうしよう。陶器は重いし、割れる心配もあります。できたら目でも楽しみたい。思い切って、京都の辻和金網さんに特注することにしました。ガラスサーバーの注ぎ口はゆるやかにカーブしているため、辻和さんの既製のドリッパーはフィットしません。まずスタンドのツメを取り除き、サーバーの口径に合わせてもらう必要がありました。まずは試作品を作ってもらうと、軽くて、想像以上にガラスとの相性がいい。最初からセットで作られたようなステキな組み合わせです。さらに手編みのステンレスドリッパーはその美しさもさることながら、網目からガスを逃がすため、雑味の少ないすっきりとしたコーヒーがいれられるのです。

小さいほうは、ルックス的にも満足のいくステンレス製の茶こしとガラスのふたも見つけ、このセットさえあればコーヒーも紅茶も日本茶もおまかせ！　そう思った矢先に、ガラスサーバーは廃番になるとのお知らせがありました。ガーン！　なくなる前にあわてて買い占めたのは言うまでもありません。その後もデッドストックなどを探し出して販売しているので、もしツチキリで見つけたらすぐにお買い求めいただくことをおすすめします。これからも最高の「あいぼう」探しは続きますぞ。

a 耐熱ガラスサーバー（小・280mℓ）2860円
b 耐熱ガラスサーバー（大・480mℓ）3300円
（ともにメッシュフィルター、樹脂製ふたつき）
c 手編みコーヒードリッパー
480mℓ用（ステンレス）8350円、280mℓ用 6850円
d メリタプラスチックコーヒードリッパー 517円
e ステンレスの茶こし 1210円
f お茶セットのガラスぶた 440円

一鍋二役のだしとり鍋で茶碗蒸し

かつおだしはなんともいえない、いい香り。だしをとっているとキッチン全体に香りが広がり、それだけで癒やされ、幸せな気分になります。でも、だしをとる作業をめんどうだと感じたことはだれにでもあるはず。どうしてでしょう？　あらためて考えてみました。鍋に水と昆布を入れて火にかけ、湯が沸く直前に昆布を取り出し、削り節を加えて沸騰したら火を止める。ここまではそれほど手間はかかりません。ボウルにざるをのせ、さらしかペーパータオルを敷いて……。なるほど、鍋以外にボウルとざる、さらしも使い、それも洗わなければならないから、めんどうくさいんですね。では、その手間をなくしましょう、と登場したのがこのだしとり鍋です。

深めの鍋にメッシュのざるがついただしとり鍋なら、削り節をメッシュざるに入れて沸騰直前の湯に浸し、しばらくしたらざるをさっと引き上げるだけ。他の道具は必要ありません。だしとり鍋を見た瞬間「こういう個性がある鍋こそ、ツチキリで扱うべき商品」と確信しました。でも、当時のツチキリは新人俳優のようにだれも知らない存在です。加えて、扱える数量が少ない事情もあり、製造元は店に卸してはくれません。問屋を探し出しましたが、提示された条件はとても厳しいものでした。それでも、あきらめきれません。「だしとり鍋は、絶対うちの店に合う」という自分の直感を信じ、店で扱える方法を考えつづけました。そんなある日、築地のかつお節専門店・

だしとり鍋に辻和金網さんの手編み水切網のサイズがぴったり。

伏高さんでもだしとり鍋を販売していて、いっしょにレシピ提案もしていると知りました。そこで「だし」PRのため、本当においしい削り節とだしとり鍋を並べて販売したい、と伝えるとありがたいことに、伏高さんは二つ返事でOKしてくれました。削り節は700円くらいにしたいなど無理をいい、どうにか仕入れることができたのです。後のツチキリのヒット商品の誕生です。ちなみに、だしとり鍋の製造元は鍋屋さんではなく、ざるの専門店。プロが使うスープこしと同じメッシュ素材のざるだからこそ、さらしやペーパータオルを敷かなくてもきれいなだしがとれるのです。なかなか見かけない深さの鍋は、うどんやラーメンを作ったり、麦茶を煮出したりするときも便利です。

さて、最後に茶碗蒸しの話です。インスタで別の鍋と蒸し網をセットで紹介したところ、あるお客さまから「そのセットで茶碗蒸しは作れるかしら？」との問い合わせがありました。もっと鍋が深くないと……。「あれ、うちにも深い鍋があるじゃない」。そして、いろいろな組み合わせを試した結果、辻和金網さんの手編みの水切網、木村硝子さんの磁器のカップ3つというセットにたどり着いたのです。だしとり鍋でだしをとり、そのだしに卵を混ぜて同じ鍋で茶碗蒸しを作る。一人二役ならぬ、一鍋二役（実際はそれ以上です）の茶碗蒸しセットはこうして完成しました。

a だしとり鍋 6380 円
b 伏高かつお荒節の削り節 740 円
c 手編み水切網 3080 円
d 磁器カップ（小）770 円

ガラスボウルと
ステンレスのざるとトレーが
ぴたっとはまったら……

みなさんはどんなボウルをお使いですか？　ステンレス製？　それともプラスチック製でしょうか？　私はガラス派です。もともとガラスの透明感とキュキュッと気持ちよく洗えるところが好きでしたが、このフランス製のボウルを見つけてからはその気持ちは揺るがなくなりました。探すキッカケは「電子レンジで使えるガラスボウルが欲しい」という友人のひと言でした。よくある平たい形でなく、ガラスボウルの難点である重さも解消したい……と探し求めました。見つけたフランス製のボウルは軽くて扱いやすい。少し縦長のフォルムは、冷蔵庫に入れやすくスペースの節約にもなります。たとえば、カリフラワーとスライスしたにんにく、サラダ油をボウルに入れて電子レンジで加熱し、コンソメ、酢をからめてピクルスを作り、そのまま冷蔵庫で冷やす。なんてことが、ボウルひとつでできます。細いリムも美しく、テーブルウェアとしても使えます。同じシリーズで大中小と3サイズありましたが、大ボウルのみ廃番に。残念に思っていたところにサイズの合う日本製のボウルを発見し、スタッキングできる大中小のボウルセットが完成しました。

ステンレスの盆ざるは、ツチキリでベスト5に入る人気商品。平たく、目が粗いから洗いやすく水きれがいい。ゆでた野菜の水きりはもちろん、枝豆にふり塩をするとき、めん類の湯きりにも便利です。油揚げの油抜きや豆腐の水きり、干し野菜作りにも使えます。持ち手のリングが愛らしく、わが家ではゆで上げたそうめんをそのままテーブルに出しています。盆ざるの裏には、一筆書きのように補強のワイヤがついていて、そのおかげでわずかに浮き、すわりがいい。補強ワイヤは単純な丸い輪にしている商品も多く、そのほうが製作工程が簡単らしいのですが、そこはさすが、20年以上作りつづけているメーカーの人気商品、この形状にこだわっているそうです。私は手仕事を感じさせるこの部分を、とても気に入っています。そんなメーカー独自のこだわりを知ると、ますます道具に愛着がわきますよね。直径21㎝の盆ざるは、先の大ボウルとサイズがぴったり。ボウルに盆ざるをのせて野菜の水きりをしているさまも美しいです。

ガラスボウルの間にあるのは、ステンレスのふたです。本来の使い方のほかに、材料をのせるトレーとしても使えます。盆ざるの下に置いて水きり皿として使っても便利ですよ。上下に食品を入れて冷蔵庫で冷やすこともできます。

大中小のボウル3つとステンレスの盆ざる、ステンレスのふた。一見なんてことのない地味なセットですが、5つそろえると使いみちがぐんと広がります。スタッキングできるので収納スペースもとりません。何より、ガラスとステンレスの組み合わせは清潔感があり、見ているだけでうっとりしてしまいます。

a ガラスボウル（小・口径 15㎝）935 円、（中・口径 18㎝）1320 円、（大・口径 21㎝）1540 円（大のみ日本製）
b リングつきステンレス盆ざる（小・直径 21㎝）2156 円
c ステンレス製ふた（直径 18㎝）1557 円

300
200

パスタ作りをもっと快適にするセット

パスタは大きな鍋でたっぷりのお湯でゆでるもの。そう思い込んでいました。20歳のころはパスタロボ（パスタ専用の大鍋とパスタを湯きりする内鍋のセット）にあこがれ、その後大きな寸胴鍋を使っていた時期もあります。でも、大きな鍋は取り出すのがややおっくうだし、たっぷりの湯は沸かすのに時間がかかるため、パスタ作り自体がちょっとめんどうになってしまうんですよね。そこで、パスタが横にスッと入る口径が大きく浅い鍋（口径21㎝、高さ10㎝）でパスタをゆでたところ、2～3人分なら何ら問題がありません。私がパスタ用として選んだのは、アルミを2種類のステンレスではさんだ三層構造の両手鍋です。形がきれいなだけでなく、重くないのでふだん使いしやすい。わが家では、豚肉の角煮を作るときもこれ。豚肉700gが重ならずに一段に入るため、加熱むらもなくおいしく作れます。

この鍋をパスタ用に選んだもうひとつの理由があります。それは、鍋のサイズにぴったりの裏ごし器を見つけたから。パスタに裏ごし器？　とお思いでしょうが、裏ごし器の網の面を下に向けて蒸しざるとして使い、鍋でパスタをゆでながら、その上で野菜を蒸すという方法を思いついたのです（こちらの裏ごし器は粉ふるいや、水きりにも使えます）。蒸すにはふたが必要。パスタをゆでるときに通常ふたはしないので、どんなふうになるのか不安でしたが、パスタがもちもちとして生パスタ風になるうれしいオマケもついてきました。もちろん、野菜はゆでるよりも蒸したほうが味が濃く栄養素も逃げません。ゆでたパスタと蒸した野菜をオイルで炒めたにんにくと合わせてもいいし、たらことあえてもおいしい。

計量したパスタを作業台にじか置きしたくないな、という小さな悩みを解消する道具も見つけました。その名も「パスタメジャー」。三角形でスリット部分にゆでる前のパスタをスタンバイしておくことができ、さらに置くだけで計量もできるすぐれものです。使わないときは、コーヒーのペーパーフィルターをのせておいてもいいかな？などと本来の用途以外をあれこれ考えたくなる魅力的なフォルムです。

パスタをゆでるとき、盛りつけるときに使うトングは、トング屋さん（トング専門のメーカーがあるんです）が作った先がナイロン樹脂製のもの。ばねの部分の特殊加工により、つかみごこちもいいです。フッ素樹脂加工の鍋やフライパンを傷つける心配もなく、さらにはシリコン製に比べてホコリがつきにくく、抗菌加工もされているので、常に清潔に保てます。

パスタは、これから料理を始める人がまずチャレンジしてみたい料理のひとつ。新生活を始めるかたへのプレゼントにも、パスタセットはおすすめです。

a 両手鍋（口径 21cm）18700 円
b ステンレス裏ごし器（直径 21cm）2585 円
c パスタメジャー 1100 円
d トング 1375 円

ツチキリで人気の道具たち

ツチキリの人気商品は、他のキッチン用品のお店とは少し違うかもしれません。
鍋などの大物よりも、小さなもの。あると料理が楽しくなる、
ちょっとした不便を解消してくれる、そんな道具が多い気がします。

せん切りが楽しくなる、しりしり器とピーラー

ツチキリの人気商品のひとつ、しりしり器。沖縄の郷土料理、にんじんしりしりを作るときに使う道具です。「しりしり」は沖縄の方言でせん切りのことをも、スライサーでおろすときに「すりすりー」と音がするからともいわれています。しりしり器は、にんじんを押しつけて上下に動かせば簡単にせん切りができる道具。切り口がギザギザになるので調味料がからみやすく、大根、じゃがいも、きゅうり、青パパイアなどをせん切りにするときにも便利です。

木とステンレスのバランスが見事なしりしり器は、ずいぶん前に沖縄で見かけて以来忘れられず、お店を始めるとき「扱うなら、絶対にあのしりしり器！」と心に決めていた商品です。道具屋さんやネットなどで手当たりしだい探し、やっと製造元を突き止めることができました。製造元に確認すると、関東では扱う店が少なく、そのほとんどが沖縄で販売されるとのこと。殺菌作用のあるホオの木にステンレス部分ががっしりと取り付けられており、軽い力で削れるので使いやすい。刃の部分はステンレスの穴状なのでさわっても危なくないし、お子さんのお手伝いにもおすすめです。お店では「どんな切れ味なのですか？」との質問も多く、実演することもたびたび。天然木材ならではの個体差があるため、5本くらいをお見せし、好きな一本を選んでもらうようにしています。

キャロットラペは、しりしり器とせん切りピーラーの２種使いにすると、味がよくなじみつつ、シャキシャキ感も味わえる。

無駄のないすっきりしたデザインのせん切りピーラーは、ヨシタ手工業デザイン室のものです。握りごこちがやわらかで、手によくなじみます。お話を伺ってみると、新潟県燕市で水差しのハンドル用に作られたステンレスの丸棒を押しつぶして板状に成形したものを使っているそう。なるほど、だから角張ってなくて持ちやすく、こんなに手にしっくりとくるのですね。写真のせん切りピーラーのほかにさらに細くできるタイプもあり、こちらは刺し身のつまくらい細く切れます。もちろん普通のピーラーもありますよ。ステンレス製なのでさびにくく、切れ味が悪くなったら簡単に刃の部分の取り替えもできます。デザインしているのは、柳宗理氏のもとでプロダクトデザイナーの修業をしていた吉田守孝さん。余談ですが、吉田さんのパートナー、雪枝さんは有機野菜専門の八百屋さんを通して知り合いました（発注品の配達も野菜といっしょにしてくれる八百屋さんに感謝です）。

わが家のキャロットラペは、にんじんのシャキシャキ感も味わいたいし、味もしっかりなじんでほしいとの理由から、せん切りピーラーとしりしり器（6㎜穴）を6：4の割合で使って作ります。しりしり器とせん切りピーラー。どちらも、少し気合がいる「せん切り」を楽しくしてくれる道具です。

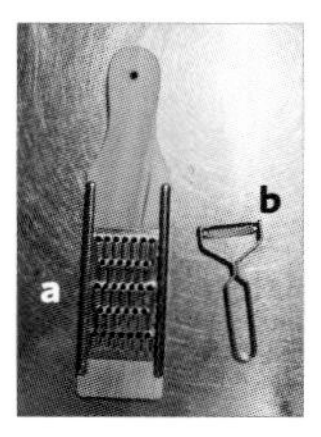

a しりしり器（6㎜穴、8㎜穴）1595 円
b ステンレスピーラー（せん切り、細せん切り）3300 円

1人分がうれしい、目玉焼き器

dretec
dretec

目玉焼き器は1人分の目玉焼きを作る道具です。某テレビ番組で紹介されると、これを求めて店を訪れる人が急増したほどの人気商品。この目玉焼き器、もともとは娘の友達のお母さん、つまりママ友からのリクエストです。「益子焼のエッグベーカーを何十年も使っているのだけれど、ボロボロになってきたのでそろそろ新調したい」とのお話でした。彼女はガスコンロに焼き網をのせ、その上に目玉焼き器3～4個を並べて一度に焼くそう。加熱むらがないよう、途中で目玉焼き器の位置を変えるのがポイントだと教えてくれました。土鍋ならさめにくくあつあつを食べられ、「洗いものは自分でね」をルールにすれば、めんどうはないとのこと。

探しはじめてすぐに、デザイン的にも気に入るものを見つけることができました。伊賀焼のそれは〈ザ・民芸〉な感じの素朴なルックス。土鍋をそのままキュッと小さくしたようなかわいさで、もともとままごとっぽい小さな器が好きな私の心をキュンとさせました。伊賀焼の陶土は多孔性で空気をたくさん含んでいるため、土鍋全体がゆっくりと温まり、食材に熱をじっくりと通します。そのため目玉焼きの縁はカリカリ、白身はフライパンで焼くときと違って横に広がらないために厚みが出て、蒸されたようにぷっくり。今まで目玉焼きは黄身がおいしいと思い込んでいましたが、目玉焼き器で作ると白身もおいしくなるんです。その味わいは、ゆで卵と目玉焼きのちょうど中間とでもいいましょうか。

作り方はこうです。目玉焼き器に油を薄く塗り、好みで細く切ったベーコンやハムを並べ（卵に火が当たるようすきまを作ります）、その上に卵を割り落としてふたをします。そうしたら、目玉焼き器の安定をよくするためにコンロにガスバーナープレートをのせ、強めの中火にかけて4分弱（ベーコンを入れない場合は3分30秒でOK）。パチパチッとした音がしてきたら、縁がカリカリに焼けた合図。火を消し、そのまま3分ほどおけば完成です。むずかしいことは何もありません。ただひとつ注意するとしたら、タイマーのセットを忘れないことくらいでしょうか。自分の好みの加減に焼きたいですものね（好みの焼きかげんは、何度も繰り返しているうちに見つけてください）。この目玉焼きといっしょにねかせ玄米のおかゆをいただくのが、最近の私のお昼ごはんの定番です。塩、こしょうで食べるのがほとんどですが、ナンプラーをちょろりとかけてもおいしいですよ。食べ終わった後は水を少し入れておけば、たわしですぐに落とせるので後片づけも簡単。卵の蒸らし時間が長ければ長いほど、卵がするりと気持ちよくはがれます。

a 1人用目玉焼き器 1760円
b コルクコースター 90円
c ガスバーナープレート 1320円
d アンティーク皿（私物）
e 電池いらずの12分タイマー 1300円
f 機内食スプーン 275円
g しょうゆ差し 1980円

食いしんぼうの陶芸家が作った、
にんにくポットと塩つぼ

目玉焼きを焼くだけ、ご飯を炊くだけなど、ひとつの用途に特化した道具にひかれます。にんにくポットもそのひとつ。ですが、なかなか気に入るものがありません。

出会いは突然やってきました。ある日、インテリア雑貨店のバイヤーだったかたがお客さまとしていらして、ご主人の転勤で住んでいた岡山にはステキな器を作る作家さんがたくさんいると教えてくださいました。そして、後日、ご自身が使っているにんにくポットを持ってきてくれたのです。そのたたずまいはまさに私好み。ロボットのような生き物のような、ついつい引き込まれてしまう形です。聞けば、その作家さんはかなりのお料理好き（加えて食いしんぼう）。自分が料理をしていて、こんなのがあったらいいと思う道具を作っているそう。他の作品も見ているうちにお店に置かせてほしい気持ちが強くなり熱い思いをこめた長文メールを送り、ついにお会いする約束を交わしました。が、コロナ蔓延により延期。にんにくポットをツチキリで扱えるようになるまでに、作家さんを知ってから2年の歳月がかかりました。

にんにくは、風通しがよく湿気のないところに保存するのがよいとされています。このにんにくポットは調湿機能を持たせるために無釉にしてあり、側面の縦横に通気穴がついているので通気性がよく、光を遮断してくれるので芽が出にくい。だからにんにくが長もちします。ふたの通気穴は、開けるときにすべり落とさないように指を

おにぎりに塩をつける
ときのことを考えて作
られたサイズの塩つぼ。

かけることを考えてのもの。何より、シャープなデザインは置いておくだけでインテリアにもなり、シンプルなのでどんな雰囲気のキッチンにもなじみます。作家さんの名前は、千田稚子さん。「おいしいにんにくを最後の1かけまできっちり使いきれないもどかしさを解決したかった」というのがにんにくポット制作の理由だそうです。

塩つぼも千田さんの作品です。おむすびを作るときに、人さし指、中指、薬指の3本の指にちょんと塩をつけやすい口径と浅さに作られています。深くなると底に指が3本届かないからと1サイズのみ。ふたが平らなのは上にスプーンを置けたり、ふたを返して置くときに安定するからだそう。見た目だけでなく、使い勝手もとことん考えた物作りに感動します。白とよもぎ、それぞれに雰囲気があり、どちらにしようか迷うお客さまも多いです。

にんにくポットも塩つぼも、10年以上デザインが変わっていません。その年数が、いかにこの2つの作品がシンプルで洗練されたデザインかを物語っていますよね。炊飯土鍋や深いすり鉢も作っていて、そちらもステキ。今後、どんな働く陶器を作ってくれるのかとても楽しみです。お客さま、作家さん、いろいろなかたとの出会いがツチキリを支えてくれているのだな、とあらためて感じています。

a にんにくポット(大)4620円
b にんにくポット(小)3740円
c 塩つぼ 3960円

まな板問題

まな板問題、みなさんどうしていますか？　あえて「問題」とつけたのは、悩んでいるかたが意外なほど多いからです。かくいう私も、その一人でした。「かっこいい」それだけの理由で若いころは木のまな板一辺倒。イチョウ、ホオ、ヒバ、カヤ、ゴム集成材、まな板の王様といわれる猫柳……。ありとあらゆる木のまな板を試しました。木のまな板は刃当たりがやわらかく、たしかに使いやすいです。でも、使いつづけているうちに黒ずみができたり、真ん中がへこんでしまったり。お手入れに気をつかわなくてはなりません。また、お値段の問題もあります。木のまな板は薄いと反り返る。厚いと重くなる。薄くて反り返らないためには、柾目（まさめ）（丸太の中心付近から端にかけて縦に切って製材したときの、年輪が平行な木目）でなくてはならない。重すぎず反り返らない、つまりは「いいまな板」はどうしても値段が高くなってしまいます。もちろん、お値段の張るものでもきちんとお手入れをし、削りながら使えば何年も使えます。でも、メンテナンスができないと逆にもったいない。ならば、今は（お店を始めた当初）木のまな板を扱うのはやめよう、そう思いました。

　あるとき、木芯をゴムではさんだ三層構造のまな板を見つけました。刃当たりがやさしく、汚れにくくて黒ずみにくい。レストランや料亭、すし屋さんなどで使われているのも納得の使いごこちです。ただ残念なのは、少し重いのです。そこで、表面の

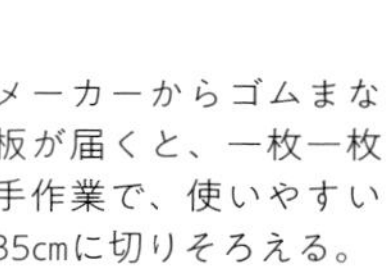

メーカーからゴムまな板が届くと、一枚一枚手作業で、使いやすい35cmに切りそろえる。

ゴムのみをまな板にした商品を探し出し、使ってみると、思ったとおり快適でした。刃当たりのよさはもちろん、薄くて軽いのでさっと取り出せます。プラスチック製のようにすべったり包丁の刃を傷つける心配もありません。そこで、新潟の問屋さんから表面のゴムを大きな状態で取り寄せ、一枚一枚切って販売することにしました。「自分で切ってるんですか？」と驚かれますが、まな板で悩んでいるお客さまが多いことを思えば、このくらいの手間はなんてことありません。木のまな板などに重ねて使ってもいいし、単体でも使えます。じつは友人も「まな板は木がいい」と思い込んでいたようで、私の「木じゃなくてもいいのあるよ」のひと言で「まな板は木」の呪縛が解けたといいます。とはいえ、やはり木のまな板が好きなお客さまもいらっしゃるので、ツチキリではできるだけ手にとりやすいお値段で、抗菌性があるといわれる青森ヒバ材の薄い柾目のまな板もご用意しています。

まな板は毎日使うもの。気軽に気持ちよく使いたい。「使いごこち」とはお手入れも含めてのことだと再認識しました。

a 抗菌ラバーまな板（350 × 235 ×厚さ5㎜）2420 円
b 青森ヒバ柾目薄型まな板 5808 円
c スケッパー 726 円

チープシックな道具たち

ritter

いつの間にか集まった、プラスチックの道具。
おもちゃっぽくてくすっと笑えるもののなかにも、
使い勝手のよい道具は潜んでいるようです。

a レモン絞り器

フィンランドのプラスチックメーカー製。ソフトクリームみたいな形の先端がちゃんととがっているのでしっかり絞れ、果汁に種が交ざりません。付属の目盛りつきカップは計量カップにもなります。
1650 円

b 卵切り器

ゆで卵をきれいに 6 分割のくし形に切る珍しいタイプです。半熟卵は少しさますと切りやすくなります。サラダなどに出番が多い。
660 円

c ポテトフォーク

ゆでたじゃがいもの皮をむくときに固定する道具。わが家では夫がもっぱら鶏肉の皮目に穴をあけるときに使用しています。フォークよりもきちんと穴があくのがいいのだとか。
660 円

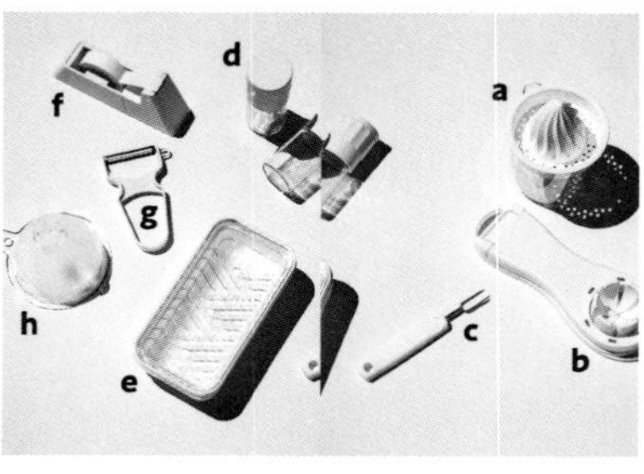

f マグネットテープカッター

冷蔵庫につけられるため、片手でテープカットできます。保存容器や袋に日付を書いて貼りたいときに。冷蔵庫に貼りつけたまま簡単にテープ交換できます。
1100円

g ピーラー

その道で有名なドイツのリッター社製。世界中でロングセラーになっているだけあり軽くて切れ味バツグン。手になじむ感じが人気の秘密です。刃は鋼製なのでさびますが、ステンレス刃より断然切れ味がいいです。横の突起は、じゃがいもの芽を取るため。
605円

h 漏斗

「特急ジョウゴ」の名のとおり、落ちるスピードがとにかく速い。その秘密は空気の逃げ口があり、注ぎ口が広いから。お米や茶葉の詰め替えに、ペットボトルの口に固定できて安定性バツグン。私はシャンプーやコンディショナーの詰め替えにも使用しています。
440円

d スパイスミル、セサミミル

ミル専門のポーレックスと盆ざる(P.30)の㈱カンダとのコラボ商品。セラミックの刃はさびず、金属臭がないのでスパイスの香りをそこないません。少ない回転数でたっぷりひけます。「メイド・イン鹿児島」と刻まれた文字に、自社製品への誇りを感じます。
1320円

e 大根おろし

底にゴムがついているのですべらず、力を入れずに素早くおろせます。水きりネットがわずかに斜めになっているので、水分がほどよくきれます。コンパクトですっきりした形が収納しやすく、加えて低価格。料理研究家の故小林カツ代さんプロデュースの商品で、一度廃番になりましたが、スタイリッシュになって再登場。私の「日用品研究会」(もっと使いやすい道具はないか？　と探し、教え合う仲間)の師匠をして、「この大根おろしに代わるものはないね」と言わしめた名品です。
880円

木のサーバー＆スプーンいろいろ

木の道具が好きです。
手ざわりがやわらかく温かみがあり、経年で味わい深くなる。
そんなところが気に入っています。

a 木のスプーン

フォルムの美しさもさることながら、すくう部分が非常に薄く、くぼみがほどよく浅いため口抜けがいい。深すぎるとスープが飲みにくいけれど、このスプーンは、スープはもちろんチャーハンにも向いています。仕上げに水性セラミック塗料をしみ込ませているため劣化しにくく、油臭くないのが特徴です。高知県在住・笹倉岳さん作。
3850円

b 木製のレモン絞り器

横半分に切ったレモンの中心にぐりぐり押して回すタイプ。ねらったところに当てられるので、手の加減で果汁もたっぷり絞れます。お値段もかわいい。
440円

c ベビースプーン

お母さんが赤ちゃんに離乳食を食べさせるときに使う少し柄の長いスプーン。プレゼントにもおすすめです。長野県在住のAmbitious Labo. 法嶋二郎さん作。
1320円

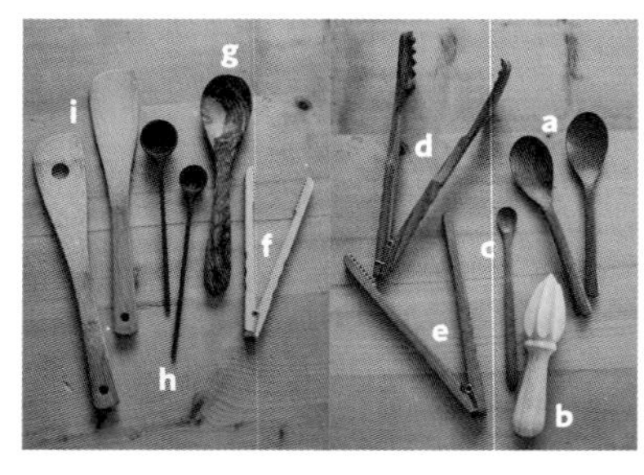

i 竹の木べら

お客さまの依頼で入手した竹べら。細身でのっぽなフォルム、孟宗竹の根元を利用した厚みのある持ち手が特徴。持ち手の厚みのおかげで使用時も疲れず、へらの幅が細いのではねにくい。穴あきなら、さらにはね防止に効果的。竹べらは水分や汚れを吸収しにくく、においがつかないのがいいと思いつつも、種類が多く、ツチキリで扱う道具としての決め手に欠けていましたが、こちらは迷わず販売を決めました。
(穴あき、穴なし)各 1760 円

d, e, f トング

こちらも法嶋二郎さん作。北米産広葉樹、黒檀などさまざまな銘木のほか、国産材も積極的に使っている作家さんです。小はもともと、アイストングですが、焼いたバゲットを返すときなどにも。大はサラダやパスタの取り分け用に。暮らし系 YouTuber の奥平眞司さん(P112 参照)もご愛用。
(小・e, f) 2200 円、(大・d) 3850 円

g オリーブのスパチュラ

オリーブは非常に堅いので、傷もつきにくく、油分があるので長く使えます。なんといっても木目が美しい。すくうだけでなく炒めるのも得意です。
1650 円

h 計量スプーン

奥平眞司さんデザイン。計量部が丸く、深めに作ってあるのでびんに入れたコーヒー豆も取り出しやすい。堅くて丈夫なインドネシアのサオという木材を使用しているため、ここまで柄を細くできたのだそう。味見するときや、マドラーとしても。経年変化によって色が濃くなっていきます。そんな味を楽しんでほしい。
大さじと小さじのセット　3500 円

何を入れるか考えるのが楽しい、ワイヤのかご

もともと竹などの自然素材のかごは大好き。
でも好きなあまり、扱うならこだわって選びたいし、
どこにでもあるようなものは置きたくない。
そんなふうに思っていたけれど、いつの間にか自然素材の代わりに
ワイヤのかごが集まってきました。
気づくと、ワイヤにぞっこんです。

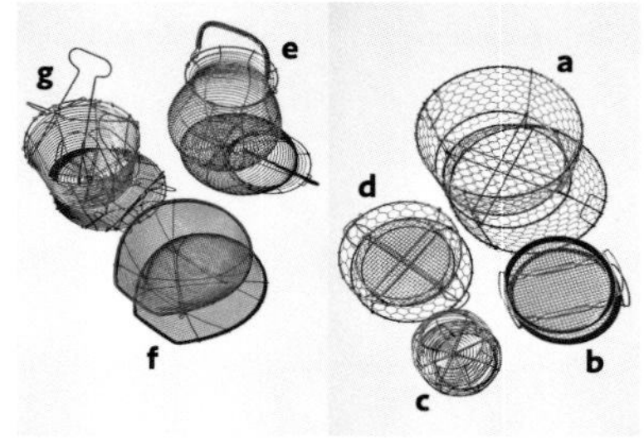

a 水きりかご

手編みならではの繊細さと温かみが同居している水きりかごは、軽さが自慢。目が大きいので水きれがよく、すぐに乾きます。ステンレスはさびにくく、網はクッション性があって器にもやさしいそう。
（大・口径 30㎝）22000 円、（小・口径 25㎝）20900 円

b 蒸しかご

フライパンにセットすれば、シュウマイや野菜などが蒸せます。短時間で蒸し上がる食材なら、蒸し器をわざわざ出さなくてもこちらで充分。目が粗いので、食材の下に水がたまることもありません。食卓にそのまま出せるお皿の形が人気です。
（口径 20㎝） 2640 円

c ミニかご

料理にこれから使う、スタンバイ中の卵入れにもいいし、野菜、おつまみやお菓子入れにも。ラフな雰囲気で、形もかわいい。
2200 円

g 野菜の水きりかご

洗った野菜を入れて持ち手を握ってぐるぐると回し、遠心力を利用して水けをきるのが本来の使い方。でも、日本の台所事情などを考えるとそんなふうには使えず、私は玉ねぎやじゃがいも入れにしています。
5720円

d 手編みの蒸しかご

京都・鳥井金網工芸さんのステンレスバスケットの美しさにひかれ、ツチキリにあるフライパンにサイズを合わせ、足を高くした蒸しかごを作ってもらいました。亀甲と直線の編み目が美しく、見ているだけで心が満たされます。
12100円

e エッグバスケット

メーカーさんに「この商品を扱うの、ツチキリさんくらいですよ」と言われたけれど、フランスのアンティークのような形がお気に入り。じゃがいも、玉ねぎ入れにしています。キッチンのアクセントにもなります。
(大)6380円、(小)5940円

f 亀ざる

亀の甲羅の形をしたざるです。枝豆をゆで上げてそのままテーブルに出すのにいいな～と買い求めたけれど、納まりがよすぎてわが家ではいつしかバナナ専用になりました。
11550円

わが家の10年もの

一度気に入ると、とことん使いまわすタイプです。
なので、10年以上使っている道具もわが家にはたくさんありました。
そのなかでも特にお気に入りのものをご紹介します。

毎日のように活躍。取っ手がチタンの鉄の中華鍋

わが家の米びつは、古いホーロー缶

お店ではフライパンを何種類か扱っていますが、わが家でいちばん出番が多いのが鉄の中華鍋です。手前が浅くて奥が深いので、振りやすく、返しがうまくできます。鉄製なのですぐに熱くなって水分が蒸発するため、野菜はシャキシャキに、チャーハンはパラパラに仕上がります。

同じ形の一体成型の中華鍋を20年以上使っていましたが、4年前にハンドル部分がチタン製のものに買い替えました。チタンの特徴は、鉄製に比べてぐっと軽いこと。けれどその反面、値段が高く、熱伝導が悪いために熱を蓄えておけません。ハンドル部分のみがチタン製なら、全体がチタン製のものよりも値段が抑えられ、持ち手が熱くなりにくくミトンいらず。つまり、鉄製とチタン製のいいとこどりをしたのがこの中華鍋なのです。ツチキリのイチオシ商品です。

中華鍋のほとんどが大量生産できるプレス式なのに対し、この中華鍋は約5000回もたたいてのばす打ち出し式。たたくと鉄は薄くなると同時に丈夫になり、プレス式に比べてかなり軽量になるため、使いやすいと評判です。また、中華鍋は底が丸いものがほとんどですが、これは底が平らなため家庭のガスレンジでも使いやすい。使い終わったら、たわしでガシガシ洗って熱で乾かしておしまい、という気軽さも気に入っています。長年使え、時間がたつほどに使いやすくなるのも愛着がわく理由です。

鍋を返しやすい、手前が浅く奥が深い形。冷蔵庫に残っている野菜も、この中華鍋ならシャキッと炒められる。

中華鍋（口径 27cm）14300 円

わが家の台所にあるのは、ほとんどがステンレスや鉄製、木製。そのなかにあって、ひときわ存在感のあるブルーのホーロー缶は、大学生のころに買った、10年ならぬ30年ものです。手に入れてから何度も引っ越しましたが、そのたびに連れてきました。購入先は「DEE'S ANTIQUE」。1980年代の雑貨ブームの火つけ役的存在のお店です。学生時代、よく青山の骨董通りに行きました。その目的のひとつがこのお店です。現在は北欧のアンティークが人気ですが、当時はイギリス・フランスの雑貨が全盛でした。いろいろ買い物をしましたが、現在手もとにあるのはこの大きなホーロー缶ただひとつです。

私はずっと米びつとして使っていますが、友人の言うことには「小麦粉入れじゃない?」と。残念ながら実際のところは不明です。使いやすさのポイントはふたが開いたまま留まるところ。米を量るときは、片手で計量カップを持って米をすくい、もう片方の手で米をすりきるため、両手がふさがってしまいます。だから、「ふたが留まる」という一見何でもない機能が便利さにつながっているのです。惜しいのは、もう少し大きければ米5kgが全部すっぽり入るのに!

というわけで、この古いホーロー缶は売り物ではありません。四半世紀以上、ずーっと私に寄り添ってくれている道具。これからも大切に使っていこうと思います。

ホーロー缶(私物)

思い出の八角箸と木のトレー

赤いシリーズ

お箸は八角箸ひと筋です。15年以上前から一度も浮気はしていません。娘と益子に行った際に、誕生日プレゼントとして贈られたのが出会いです。それまでお箸は単純にデザインで選んでいましたが、八角箸を使いはじめて箸の機能性に目覚めました。持ちやすくてすべりにくく、ころがらない。娘にもらったものは黒檀製のため、ほどよい重みが特徴です。箸は少し重たいほうが使いやすいと聞きますが、本当だなと実感しました。当時、小学校低学年の娘が奮発して買ってくれたうれしさも加わり、新たな道具との出会いは特別なものになりました。

現在、店で扱っている箸をメーカーさんに紹介されたときは、「デザインが和っぽすぎませんか？」と正直気がすすまなかったものの、持つところが八角で先は四角の箸は想像以上に使いやすかったのです。和っぽさを強調していると思っていた金銀の糸は、すべり止めの役目も担っています。長年使用しても色があせてみすぼらしくなることもなく、1000円を切るお値段も魅力的です。

木のトレーは「プライウッド」という、薄い木材を重ね合わせた合板。そのため軽く、ふだん使いにぴったり。持ちやすく、一人ごはんのランチョンマットとしてもちょうどいい大きさです。ノンスリップ加工してあるにもかかわらず、経年変化があるので、育てる楽しみもあります。

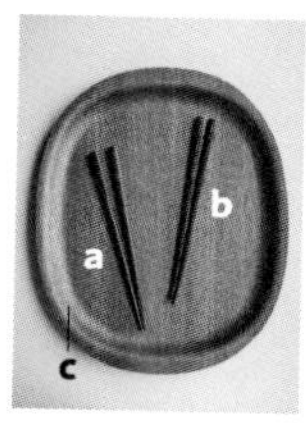

a 八角箸 990円
b 黒檀の八角箸（私物）
c 木のトレー（S）1870円

赤いシリーズ、これ全部トマトのための道具です。先に小さな丸いものがついているのは、ツチキリで「これ何ですか？」とお客さまにきかれる回数がもっとも多い道具。答えは「トマト&ストロベリーコアラー」。トマトやいちごのへたを取るための道具です（いちごは身もたくさん取れてしまうので、あまりおすすめしません）。友人には「トマトのへたをくりぬくためだけに、わざわざ買わないよね!?」と言われてしまいましたが、私は20代のころからずっと愛用中。以前、トマトを薄くスライスするサラダに凝っていて、これさえあればへたをV字に切らずにまるのまま端からスライスできるのです。ボコッとへたが取れると気持ちもいいですよ。赤い色がもう少し渋い色ならよりいいのにとは思いますが、それ以外は満足しています。

トマトピーラーは湯むきせずとも皮がすべらずにするりと薄くむける、とっても便利な道具です。その秘密はギザギザの刃にありました。私はおもに桃の皮をむくときに使っています。キウィの皮だってむけますよ。

トマトベジタブルナイフは、ナイフ製品で有名なスイスのビクトリノックス社製。こちらもギザギザの刃が皮にすべらずに入り、トマトをつぶさずに切れます。とはいえ、わが家ではパン切りナイフとして活躍しています。

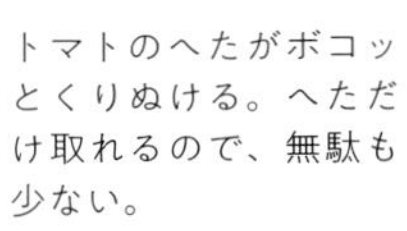

トマトのへたがボコッとくりぬける。へただけ取れるので、無駄も少ない。

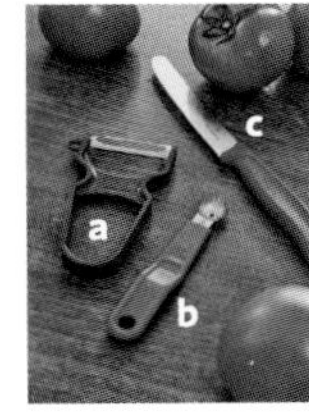

a トマトピーラー 1100円
b トマト&ストロベリーコアラー 580円
c トマトベジタブルナイフ 1210円

台所仕事を楽しくするもの

台所道具を扱う仕事をしていますが、
私は料理が大好きというわけではありません。でも、だからこそ、
お気に入りの道具をそろえて少しでも家事を楽しくしたいと思っています。

毎日の朝ごはん

朝ごはん。ご飯派ですか？　それともパン派でしょうか？　私は、朝はおいしいコーヒーが飲みたいという理由から甘いパン派です。でもじつは、お気に入りのバターケースやバターナイフを使いたいという隠れた理由もあります。

バターケースはデパートの企画展で見つけてひと目ぼれしました。それは、まだお店が開店準備段階のときでした。私が木のバターケースに求めるものは、冷蔵庫の中で他の食材のにおいがつかないよう、ふたがぴったり閉まること。木製のふたは乾燥しやすく反り返りやすいので、厚みがあることの2つでした。このバターケースはピタッと閉まるので香りをそこなう心配がなく、木のふたはかまぼこ形に厚くなっているため反り返らない。さらに持ち運びやすいよう本体が底に向かってわずかに細くなっているのです。まさに、私の理想を具現化したものでした。そして、使う人の気持ちにとことん寄り添っているところ、精巧な工業製品と温かみのある手仕事のちょうど中間のような作風にとてもひかれたのです。ツチキリで扱っている木工作家さん第一号、ki-to-te 前田充さんの作品です。

バターナイフは熱伝導のいいアルミ製です。いくらアルミ製といっても厚みがあると手の熱が伝わりにくいもの。でも、このナイフはハンマーでたたいて凹凸をつけ、先を薄くしているので、持ち手の温度が刃先に効率よく伝わり、カチカチに固まったバターでも削り節のように薄く削ることができます。せっかく薄く削れるのに、楽しくなってしまい、結局山盛りにつけてしまうんですけどね。木のスプーン（P.58）なども手がける、笹倉岳さん作です。

パンはセラミックの焼き網で焼きます。セラミックから出る遠赤外線は食材の水分を逃がさないため、外はこんがり、中はふっくらもちもち。片面たったの2分でどんなパンでもおいしく焼いてくれます。パンを返すのに使っているのは、ステンレス製の焼き肉トング。先が細くてすべりにくく、力が入れやすい。わが家では目玉焼き器のふたを取るのも、煮沸したふきんを取り出すのも、煮出したティーバッグを取り除くのも、ポテチを袋から食べるときも、みんなこれ。見当たらないと「あれがない！」と家族が大騒ぎするほど、今やわが家になくてはならない道具です。

香ばしくパンが焼けたらクルミのパン皿にのせ、パンにバターとメープルシロップをかけ、コーヒーとともにいただきます。メープルシロップを入れ替えたボトルは、もともとはドレッシング入れ。店で扱うメープルシロップがちょうど2回に分けて一滴残らず移し替えられ、注ぎ口のきれは抜群です。こんなふうに大好きなコーヒーとお気に入りの道具に囲まれて一日を始めると、今日も一日頑張ろうという力がわいてきます。

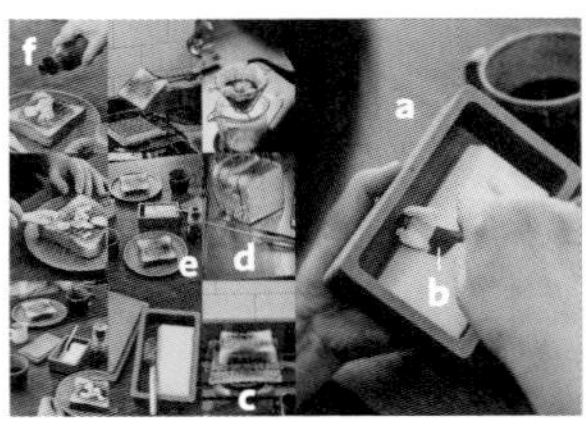

a ki-to-te 山桜のバターケース 8800円
b GAKU wood works アルミバターナイフ 3850円
c セラミック焼き網（小・15 × 15cm）1540円
d 焼き肉トング 880円
e ki-to-te クルミのパン皿 4840円
f ドレッシングボトル（S）1210円

お茶の時間

昔から急須の形が好きで、作家ものなどをいくつか持っています。置いておくだけでも絵になり、機能美を感じるもっとも身近な日用品だからおもしろい。では、ツチキリで扱う急須は？　と考えてみたところ……。うちの店のポリシーは、作家ものというより、工業製品でありながらデザインとコストのバランスのいいものを探すこと。使いやすく、愛嬌のあるもの。そう考えたときにぴったりだったのが、この常滑焼の急須でした。常滑焼では朱泥の急須が有名ですが、もっと最近のインテリアになじむものがないかと探してやっと見つけました。持ち手が大きく、形がまるで魔法のランプのよう。日本の急須は通常、注ぎ口に対し持ち手が横についている（横手）のに対し、こちらはティーポットや中国の茶壺と同じで注ぎ口の反対側に持ち手がついています（後手）。どこかモダンに見えるのはそのせいかもしれません。急須の命である注ぎ口の穴（茶こし部分）が細かく、茶葉が詰まらずによく出ます。さすがは急須の産地だなと感心しました。

茶筒は新潟県燕市の金属加工職人、富田勝一さんが一人で作り上げたもの。すっきりとスタイリッシュなデザインでありながら、独特の丸みに温かみがあります。ステンレスの厚みが0・6㎜あって重量感がありますが、その重みがあるからこそ、心地よくすーっと開いて、すーっと閉まる。茶筒にとって大切といわれる遮光性と遮臭性も備えています。お茶類以外に、コーヒー豆や焼きのり、あられ入れにもいい。富田さんが他界されてからは、その遺志を引き継いだ工場で作られているそうです。

急須やお茶碗、茶筒を入れたのは秋田杉の角茶びつです。こちらは廃番になってしまい現在は取り扱いがありませんが、こんなふうに日本茶の道具をひとつにまとめておくと使いやすく、ふたを開けるたびに心が整う気がします。

ガラスポットは開店当初からの人気商品。茶葉の動き、色が変化していく様子を目で楽しめます。丸い形は茶葉が上下に動きやすく、香りや味を充分に引き出してくれる。注ぎ口が短いので、洗いやすいのもメリット。別売りの茶こしもありますが少々お値段が高くなるので、私は注ぎ口に挿入するタイプのステンレスストレーナーをおすすめしています（P.79の写真では未使用）。このタイプなら、茶葉のジャンピングもじゃましませんしね。同じ製造元から、最近、取っ手が真鍮のものが発売になりました。真鍮は使い込むごとに味わいのある色に変化するのが楽しい。どちらもじか火では使えませんが、耐熱ガラスティーウォーマーにのせてテーブル上でゆったりとお茶を楽しんでみてはいかがでしょうか。ティーウォーマーはキャンドル式なので、ゆらりと揺れる炎を見ながらのティータイムは会話もはずむはずです。

a 常滑焼の急須 3300円
b ステンレスの茶筒ミニ 2970円
c 手編みの銅茶こしミニ 3850円
d ki-to-te 茶さじ、湯のみ（私物）
e 角茶びつ（参考商品）
f ガラスポット（1ℓ）6380円
g ティーウォーマー 5500円

土鍋でご飯

ご飯は土鍋で炊いています。20年くらい前に「やっぱりご飯がおいしくなくちゃね」と土鍋でご飯を炊くことにしました。その後、娘のお弁当時代などに一度は友人に譲ってしまいましたが、土鍋ご飯のおいしさが忘れられずにまた土鍋生活に戻りました。

使用している炊飯用土鍋は、宮城県の山の工房村の半睡窯謹製「炊飯釜」です。初めて買った炊飯用土鍋もこれ。この土鍋で炊くご飯は本当においしく、なおかつ炊飯に手間がかからないため、新たに土鍋を購入しようと決めたときにも迷わずこの炊飯土鍋を選びました。私の中に他の選択肢はなかったですね。なんともユニークな形ですが、このカツドンマン（アンパンマンに出てくる、どんぶりまんトリオのひとり）のようなフォルムにこそ、おいしさの秘密が隠されているのです。ふたを囲む縁が高くなっているため〝ノリ〟が上がってきても吹きこぼれず、しばらくすると釜の中に引き戻されて米を包み込む。そのため、ご飯がつやつやでふっくら炊けます。内側は炭の成分を焼きつける炭化焼き締め焼成法で、炭の浄化作用が半永久的に働くため、ご飯が鍋肌にくっつきにくい。「鍋で炊くご飯はおいしいけれど、ご飯が鍋にくっついてもったいない」という声をよく聞きますが、この土鍋はするりときれいにご飯が取れるので、無駄がありません。

炊き方もとても簡単です。洗ったお米を鍋に入れて20分浸水させ、内ぶたとふたをして強火にかけます。すると、10分ほどでぶくぶくとノリが出てきて、それが鍋ぶたをぐるりと一周したら火を止め、20分ほど蒸らすだけ。火加減を調節しなくてもいい手軽さも魅力です。

ご飯が炊けたら、伊賀焼のおひつに移します。伊賀の土は石の粒が残って生地が粗く、空気をたくさん含んでいるため、おひつにぴったり。ご飯の水分を適度に調節し、時間がたってもご飯をおいしく保ってくれます。ふたの裏側に釉薬がかかっていないので、水分を適度に吸収してくれるのです。おひつはふたが命ですからね。また、おひつのなかでも陶器をおすすめする理由は、そのまま電子レンジで温められること。ふたをしたまま加熱できるので、入れ替えなしかつラップも使わずにすみます。これって意外なほどストレスフリー。といいながら、おひつに移したご飯はさめても充分おいしいので、私は常温でいただくことが多いです。

炊きたてのご飯は何よりのごちそう。ご飯がおいしければそれだけで満足のいく食事になります。

a 半睡窯謹製「炊飯釜」(2号釜) 15400円、(3号釜) 20900円
b 伊賀土 陶器のおひつ(1合用) 2640円、(2合用) 3740円
c オリジナル丸形鍋敷き 2640円

揚げものを楽しくしてくれる道具

揚げものは好きですか？　私は食べるのは嫌いではないけれど、作るのはあまり得意ではありません。娘が小さいころ「お母さんは、もうから揚げを作らなくてもいいからね」と言われてしまった苦い経験があるほどです。でもね、何でも回数をこなせば上手になると思うのですよ。そして、お気に入りの道具があれば上達も早いはず。
「ハクション大魔王の揚げ鍋」。取っ手が大きくて耳のように見えるため、南部鉄器の揚げ鍋をうちではいつしかこう呼ぶようになりました。生協のカタログで見つけたとき、そのかわいらしさにひと目で魅了されてしまいました。分厚い鋳物なので温度を一定に保てる。口径17㎝とサイズが小さめなので、取り出しやすく、洗うのもラク。油の量が少なくていいから、処理もしやすい。深さがあるので、油のとびはねも抑えられます。ある料理家さんが昔からこの鍋を気に入って使っているにもかかわらず、販売元がわからずにずっと探し求めていたという鍋でもあります。鍋に合わせて作られた揚げ網をセットし、油から引き上げた揚げものをこの網にのせておけば、油きれもいい。というのも、油は冷たいところでは固まるけれど、熱いと溶ける。熱い油の上にしばらく置けば、よく油がきれるというわけです。
　さて、油問題。揚げものといえば、イコール油問題ですよね。揚げものをあまりしない、もしくは苦手という人の大半の理由は「油の処理がめんどうだから」ではないでしょうか。油の処理が簡単にできたら、揚げもののハードルがぐんと下がるのに……。長年そう思いつづけていたある日、このオイルポットを見つけました。今まで派手な色、場所をとるのがいやという理由でオイルポットは敬遠されてきました。でも、このオイルポットはとにかくスタイリッシュ。厚みのあるステンレスにマットな質感、男前なたたずまい。スリムなので、キッチンに出しっぱなしにしても気になりません。使った油をポットに戻したら、その油を炒めものに使ったり、鉄のフライパンの油ならしに数回利用して使いきる。ほらね、このポットがあれば、油の処理が苦でなくなります。オイルポットは、本体、こし網、ふたの3つのパーツからできていて、ふたとこし網の取っ手、本体ハンドルの位置を合わせて指で押せばパコッと開き、片手で鍋に注げます。縁を巻かない特殊加工により、どこからでも注げ、油がたれずに油きれもバツグン。デザインは人気のプロダクトデザイナー小野里奈さん。ステンレスのメジャーカップから、このデザインを思いついたといいます。

この揚げ鍋とオイルポットにもっと早く出会っていれば……。いやいや、まだ遅くはないはず。まずは、野菜の素揚げあたりから始めてみようかしら。

a 揚げ鍋 4950円
b 揚げ網 1100円
c オイルポット（小・500mℓ）4620円、（大・1ℓ）5280円

一人時間を楽しむ道具

一人暮らしの人も家族がいないときの一人ごはんも、一人だからこその楽しみが欲しい。というわけで、一人時間を楽しむ道具のご紹介です。

一人蒸しセット。これはもう、見ているだけでかわいい組み合わせです。土鍋は伊賀焼で一人鍋や煮込みうどん、2人分の湯豆腐にもぴったりサイズの口径18㎝。この土鍋に、アルミの縁巻きせいろがぴたりと合いました。せいろのアルミはデザインのアクセントになり、縁が焦げる心配もありません。蒸すのはめんどうと思っているかたが多いようですが、その理由のほとんどは「大きな蒸し器を出すのが手間だから」。この小さなせいろなら取り出すのもラクチンです。土鍋は湯が沸くのに少し時間がかかりますが、時間を気にせずゆったりと自分の時間を楽しみたいときにおすすめです。

蒸し料理はどんな調理よりも簡単で技術がいらない調理法です。ぐつぐつと沸いている湯の上に素材を入れた蒸し器をのせたら、あとはただ待つのみ。蒸気が素材をやさしく包み込み、ふっくらと火を通してくれます。栄養も逃げず、油を使わないからヘルシーといいことずくめです。蒸し上がったら、小さな土鍋ごとテーブルへ。立体構造が美しいワイヤの鍋敷きにのせたら、それだけで優雅な気持ちになります。シュウマイを蒸してもいいし、野菜や肉、魚を蒸してたれをかけても。蒸し器を2段重ねたら、冷やご飯や冷凍のご飯（半解凍したものが時間がかからずおすすめ）を蒸しながらおかずを蒸す、なんてこともできます。

もうひとつはお茶セット。小さな耐熱ガラスポットは、もとはしょうゆやポン酢を入れるための汁次（しるつぎ）です。それがなぜティーポットに？　暑い中訪ねてくれた友人に冷たい飲み物を出したくて「冷凍庫に入れられるような小さなポットは……」と急場しのぎで汁次に入れて冷やし、ジャスミンティーを出したところ、「かわいい」と大好評でした。赤じそジュースや日本酒を入れても映えそうです。昔、駅弁といっしょに売っていたお茶の容器みたいなフォルムがなんともかわいいですよね。合わせた小さなグラスは、サイズを間違えて仕入れてしまった手作りのおちょこ。けがの功名とでもいいましょうか。汁次と並べてお盆にのせると、単体のときよりもぐっと格上げされるから不思議です。

お盆にしているのは、じつは鍋敷きです。その昔、古道具屋で見かけた用途不明の丸板をもとに、鍋敷きにできないかとメーカーさんに作ってもらったオリジナル。縁が高くないから、ガラスの器をきれいに見せてくれます。茶こしには、サイズ感と素材の雰囲気が合う、京都の鳥井金網工芸さんの銅製を合わせました。

小さな道具はままごと気分が味わえ、見ているだけで楽しくなります。そして、本来の用途とは別の使い方を発見すると、道具も喜ぶ気がするのは私だけでしょうか。

a 古伊賀土鍋（6号）2860円
b アルミ渕杉セイロ（直径16㎝）1620円、ふた1440円
c ワイヤの鍋敷き 1650円
d 耐熱ガラスの汁次 3300円
e おちょこ 1760円
f オリジナル丸形鍋敷き 2640円
g 手編みの銅茶こしミニ 3850円
h 茶こし置き（私物）

初夏の梅仕事

八百屋さんに青梅が並びはじめると、今年も梅仕事の始まり。お酒を飲めない私が作るのは梅シロップです。青梅のへたを竹串で除き、氷砂糖と交互に保存びんに入れるだけ。いたって簡単ですが、梅シロップをルイボスティーで割ったジュースが夏に涼をとるのにぴったりなんです。最近は、梅シロップ30mℓを無調整の豆乳160mℓで割るのがマイブーム。甘酒のようにとろっとして、スイーツ感覚でいただけます。

梅シロップは、青梅と氷砂糖がそれぞれ1kgずつ入るセラーメイト3ℓの保存びんで作るのがわが家の基本。セラーメイトのびんは、飽きのこないシンプルなデザインで、機能的にもとてもすぐれているんです。ふたの金具はステンレスのためさびにくく、パッキンはシリコン製で熱に強い。ふた、パッキン、金具のすべてを分解できて洗いやすい。何よりすばらしいのが、金具のスプリングでふたを固定することで外気の侵入を防ぎ、温度の上昇や発酵によってびんの内圧が上がるとふたが持ち上がり内圧を外に逃がすため、長期保存が可能なこと。シリコンパッキンのベロをひっぱると、ふたを開けずに簡単に脱気解除もできます。

商品化された何十年も前から、デザイン、機能ともに完成されているのがすごいですよね。ロングセラーのため、いつでも買い足せるのも魅力。デザインしたのが恩師（大学院時代に学んだ島崎教授）と知り、さらにおすすめしたくなるのでした。

セラーメイト取っ手つき密閉びん（3ℓ）1980円、カンロレードル（30cc）528円

保存するもの

店内を見渡すと、保存容器もけっこうあることに気づきました。ついこの前までは世の中は作りおきブーム。私自身は作りおきはほとんどしませんが、その影響もあってかステキな保存容器が多くなったような気がします。

保存容器は、中身が一目瞭然になる透明なものがいちばん。わが家でも、冷蔵庫の中に入れる保存容器をガラスシャーレに替えてから、食べ忘れることがなくなりました。梅干しやちりめんじゃこなどのほか、ほぼ毎日使うベーコンを入れたり。このガラスシャーレは耐熱性なので、夕食で残った炒めものを入れておき、一人のランチタイムに電子レンジで温めて食べるなんて使い方もできます。ふたはかぶせるタイプで余計なパッキンなどがついていないから洗いやすく、深めなのでにおいもれもありません。大小2つのサイズがあり、高さが違うだけで径が同じなので、冷蔵庫に重ねて収納できます。食品だけでなく、綿棒やコットンパフなどの洗面用具や、アクセサリー、クリップなどの文房具入れにしているかたもいるようです。

ガラスのミニピッチャーは、このサイズでは珍しいふたつき。レモン果汁、ポン酢、少しだけ残ったドレッシングを入れてもいいですね。片口なので、気持ちよく注げます。お客さまから「しょうゆ入れにしている」と聞き、なるほどそれはいいアイディアだと思いました。しょうゆは時間がたつとどうしても固まってしまうので、洗いやすいこのタイプなら清潔さを保てます。
プラスチック製のボトルはとにかく軽い。割れる心配がないので、気楽に使えるのがいいところです。口が浅くて開けやすいこと、熱湯も入れられる、冷凍もできる、においがつかずいつまでもきれいを保てる……など、おすすめポイントがめじろ押し。わが家では、パスタや豆、押し麦などの乾物、茶葉など、何でも入れています。
中は見えませんが、ステンレスの容器もついつい集めてしまいます。そのなかのひとつ、豆腐の水きりかごセットはうちの隠れた人気商品。豆腐の水きり、残った豆腐を保存するためのものです。ステンレスのふたつきで、そのまま冷蔵庫に入れられます。私はあさりの砂出しにも使用。あさりは暗くすると砂の中にいる状態と近くなり、砂をよく吐くので、ふたができるこの容器がちょうどいいのです。モッツァレラチーズの保存やヨーグルトの水きりにも便利です。
ステンレスの小さなふたつきの商品は検食容器です。円柱形の小サイズにはにんにくやしょうがなどの薬味を入れてもいいし、楕円形の大サイズならお弁当のときのフルーツ入れとしても活躍してくれそう。業務用ならではの無骨さがお気に入りです。
たかが保存容器、されど保存容器。冷蔵庫の中がすっきりと整っていると、とても気持ちがいいです。

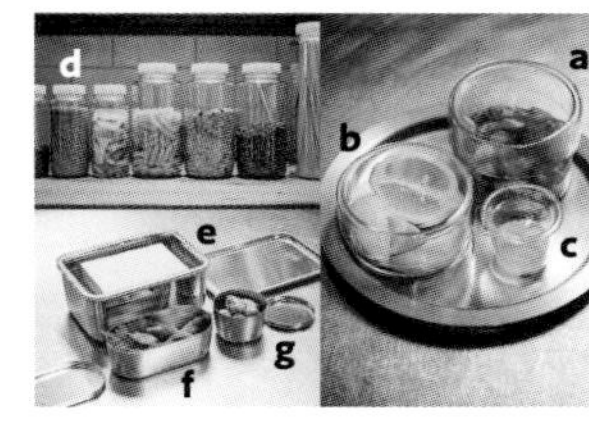

a 耐熱ガラス保存シャーレ(大・口径 100 ×高さ 85㎜) 1540 円
b 耐熱ガラス保存シャーレ(小・口径 100 ×高さ 50㎜) 1320 円
c ふたつきミニピッチャー 660 円
d プラスチックのボトル(大・1.5ℓ) 1650 円、(中・1ℓ) 1320 円、(小・0.5ℓ) 1100 円
e 豆腐の水きりかごセット 3685 円
f 検食容器楕円形(横 120 ×縦 60 ×高さ 40㎜) 1320 円
g 検食容器丸形(口径 60 ×高さ 40㎜) 770 円

かわいいものコレクション

bbbag

「bbb」は「beach」「beer」「bag」。「ビールを入れて海に行こー！」をコンセプトに作られたバッグです。ウォータープルーフでポップなカラーがかわいいバッグは、一つ一つ手作り。色違いで何個も欲しくなってしまいます。最近、底部分に色がついたバッグも登場しました。どちらのタイプもお出かけはもちろん、キッチンで根菜などを保存しておくのにもいいですね。バッグインバッグとしても活躍してくれそうです。

a bbbag 3600 円

b 1 本手 bbbag（底カラー）3000 円

スヌーピー&チャーリーの鉄玉

じつは私、ビンテージのスヌーピーコレクターなのです。そのためにブログを開設していたこともあるほど。うちの店にはキャラクターものは似合わないので、この南部鉄器の鉄玉を置こうかどうしようか、悩みに悩みました。が、店頭に並んでいても案外違和感がないようです。湯を沸かす際にやかんに入れておけば手軽に鉄分補給ができ、黒豆のつや出し、あさりの砂出しにも。うちのスヌーピーはずっとぬか床の中。ちょっぴりかわいそうなんですが、野菜の色を鮮やかにしてくれています。もちろん、キッチンに飾っても。

スヌーピー＆チャーリー鉄玉　各2200円

キッチンクロス

ステンレスや木製品などの道具が多いツチキリで、珍しい色柄物がクロスです。ずっとテキスタイルのデザインをしていたこともあり、私、クロスにはかなりうるさいんです。きれいな色合いのリネンのみを厳選して置いています。キッチンで使うのは、吸水性があり、乾きも早いものがいちばん。お皿やグラスを拭いたときにけば立ちが少ないリネン素材がいいですね。この商品はワンウォッシュしてあり、やわらかく使いやすいです。
1430 円

やられた。見つめられている。気づいてしまった……。私には使えない。捨てどきがわからない。いや、捨てられない。みなさまに託します。きっと働き者だと思います。かわいがってください(アザラシスポンジはグレーと白があり、裏側はどちらも黒)。

a アザラシスポンジ 308 円
b 丸スポンジ 253 円

アザラシスポンジ

人気 YouTuber 奥平さんと語る

「だいどこ道具 ツチキリ」のこと 台所仕事を楽しくする道具とは？

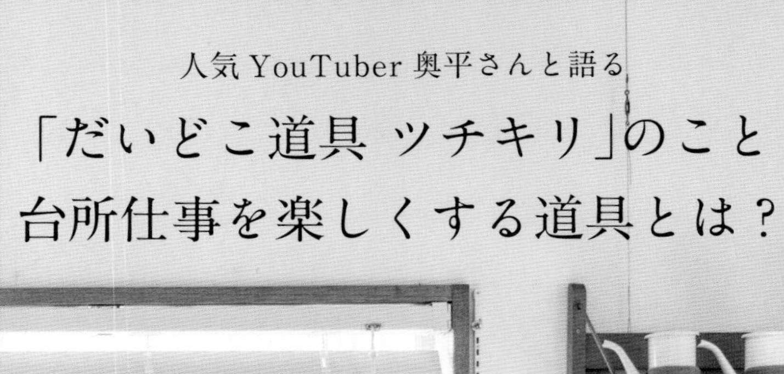

奥平眞司／オクダイラ マサシ
YouTube チャンネル「OKUDAIRA BASE」主宰。愛知県出身。福祉系大学卒業後、桑沢デザイン研究所夜間部にて空間デザインを学ぶ。料理や DIY、物選び、整理整頓、家族や友人を招いてのもてなし、一人キャンプや旅行など、自分の時間をとことん楽しむ方法を YouTube にて配信。動画制作、キッチンツールのデザインなども行っている。

暮らし系人気YouTuberの奥平眞司さんは
じつは「だいどこ道具ツチキリ」の常連さんです。
お店がオープンして少ししてから初来店し、
その後もたびたび足を運んでくれています。
ツチキリで購入した道具のなかで
奥平さんのお気に入りは？
また、ふたりの考える
〈台所仕事を楽しくする道具〉とは？

「道具のことを、
一きくと十返ってくる。
こだわりぬいた
品ぞろえが魅力です」
奥平

土切（以下、**T**）　久しぶりね、元気でしたか？

奥平（以下、**O**）　はい。お久しぶりです。引っ越ししてからお店に来るのは初めてなので、4カ月ぶりでしょうか。

T　前はご近所に住んでいたから、よく顔を出してくれて。

O　この通りを歩いているときに「お！　こんなところに雑貨屋さんっぽいのがあるな～」ってふらりと入ったのが最初でした。

T　奥平くんが初めてお店に来てくれたときのこと、今でも覚えているのよ。

O　え？　本当ですか。うれしいなあ。

T　奥平くんくらいの年齢の男の子がお店に来るのは、そのころとっても珍しかったから。店内に入って、じっくり全体を見回していたのよね。たしか、最初に買ってくれたのは、味見スプーン。

O　そうです、そうです。

T　で、「この先っちょは何に使うんですか？」って。

O　「フォーク部分は、食材の煮えぐあいを確かめるものなんですよ」と教えていただいて。土切さんは一きくと十返ってくるので（笑）。

T　ついつい、話したくなっちゃうのよね。お店に置いている商品はほとんどが自分が使って気に入ったもの。だから、そのいいところを知ってほしくて。

O　おもしろいのは、いいところだけでなく、あまりよくない点もちゃんと教えてくれるところ。こっちの機能を優先させるなら、この道具のほうがいいよとか……。

T　ついついしゃべりすぎちゃう（笑）。

O　道具を扱っているお店が多いなか、ツチキリさんは一つ一つが厳選されていて、こだわりを持って置かれているのが魅力的です。いろいろ教えてくれるのも楽しい。

T　わ！　ほめられちゃった（笑）。

O　しりしり器も、きかなければ使い方がまったくわからない道具でした。今は、サラダのときに上から野菜をすりおろしてのせたり、鍋にも野菜をすりおろしながら加えたりもしていいます。YouTubeでも視聴者さんに「これは何に使う道具ですか？」ときかれることも多く、「いいですね！」とすごく言われますね。

T 奥平くんが使っている道具があると知って、来てくれるお客さんもたくさんいるんですよ。ありがたいです。そういえば、奥平くんが木の計量スプーンをデザインしたとき、試作の段階で見せてくれたんですよね。

O 何て言われるか、ひやひやしながら見せました（笑）。

T 私、いつもはけっこう辛口なんだけど、「まんまるくてかわいいし、いいね、これ！」って。

O 本当にうれしかったです。

T 「うちでも扱いたいです！」ってお願いしました。柄を切れるのがコンセプトなのよね。

O はい。人それぞれ手のサイズも違うし、びんなどに入れておきたい人もいるので、柄を自分好みの長さに切れたらいいな、と。で、切るために柄の幅を4㎜と細くして。でも、堅くないといけないからインドネシアの「サオ」という木を使いました。堅くて、ほどよくしなる感じに。

T お店でもとても人気ですよ。また、何か作っているの？

O はい、もうすぐ木べらが出ます。あれ、お見せしましたよね？

T そうでした！ 見せに来てくれました。

O いつも土切さんのご意見を聞きたくて。

T 「うちで使ってるのがいろいろあるから、試してみて！」と貸したのよね。新しい道具の参考にどうかなと思って。

O ツチキリさんとは道具の話をめちゃくちゃするので。本当にいろいろ参考になります。

T ところで、奥平くんの考える〈いい台所道具〉はどういうもの？

O 使いやすいが基準。見た目よりも機能性を重視。そして、ちょっと考えられるような道具がいいな〜と思っていますね。

T 考えられる道具？

「ツチキリでも
奥平くんデザインの
スプーンが大人気です」
土切

ツチキリで奥平さんが購入した道具いろいろ

「持ち手つきなので片手で扱うことができ、かけておける」。だしをとる、野菜やそうめんの水きりなど。そうめんは盆ざるのままテーブルへ。

いちばん奥にあるのが味見スプーン。ツチキリで初めて買った思い出の品。フォーク部分は煮ものなどの食材の煮えぐあいを確認できる。

「曲げわっぱはおひつとしても使えます」のひと言に「そんな使い方ができるの？」と衝撃を受け、購入。ご飯が余ったときはここに入れて保存。

最近買ったのが、このグレーター。「チーズが想像以上にめっちゃ細かくすりおろせます。香りが違う」。

「こし器なのに、その用途ではまだ使ったことがないんです(笑)」。粉をふるうときや蒸しものなどに、おもに活躍。

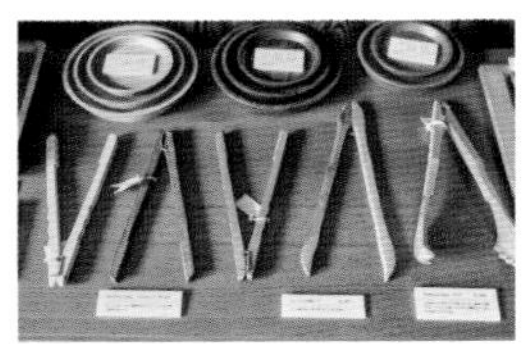

木のトングはボウルでパスタをあえるときなどに。ステンレスやガラスのボウルを傷つける心配がない。

「僕のデザインした計量スプーンです」。店の人気商品でもある。調味料やコーヒーなどの計量に。店内には、奥平さんがデザインした道具のコーナーも。

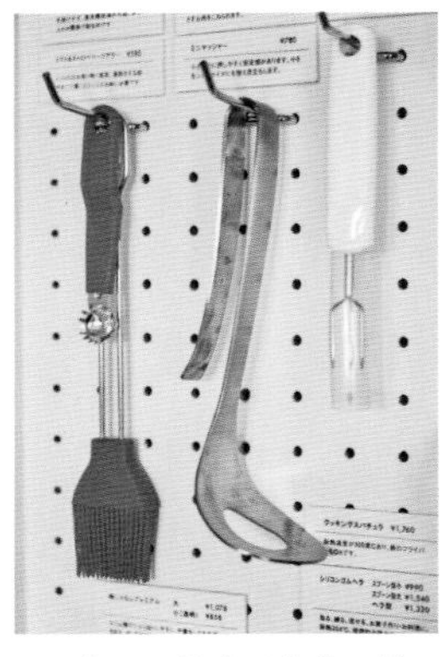

マッシャーはゆでたじゃがいもをつぶすほか、ひき肉を練り混ぜるときにも便利。「持ち手のクッションがやわらかく、使いやすそう。購入する候補に入れておきます」。

O　ひとつの使い方じゃなくて、あんなふうにもこんなふうにも使える、と自分でも考えられるような道具。他の道具の代わりにもなるようなのが好きですね。

T　うんうん。

O　たとえば、こちらで購入した盆ざる。最初見たときには何だろう？　って。

T　とても便利なことを熱弁しちゃったかもしれない。

O　はい（笑）。柳宗理のステンレス製のボウルを持っていて、そのボウルにサイズがぴったり。野菜の水けをきるとき。さらしを上にかけてだしをとるとき。幅広い使い方ができるのがおもしろい。目が粗いけれど、そうめんも落ちない。で、僕はかけて収納するのが好きなので。このリングがとても便利です。

T　あ、台所にかけてくれてるよね。

O　はい。僕のキッチンは道具がめちゃくちゃ多いわけではなく、2つか3つくらいの機能を持っているものが多い。

T　道具いっぱい持っているように見えるけど。

O　全部の道具をそろえようと思うと、そのぶん、置き場も必要になってきて、広さもなくちゃいけない。それに、道具がたくさんありすぎると忘れてしまう道具が出てきてしまって。1年に一度しか使わない道具、というのを持ちたくないんです。

T　あ、それはわかるかも。道具に申し訳ない。

O　かわいそうになっちゃって。

T　それと、私と奥平くんが似ているなと思うのは、ふたりとも「時短」に興味がないところ。そこは、道具選びのときにまったく考えないかもしれないですね。

O　そういえば、そうですね。

T　時代と逆行しているかもしれないけれど。私の思う「便利」は、時短とイコールではないんですよね。

O　僕もオーブンにレンジ機能はついているけれど、最低限しか使いませんね。

T　私は圧力鍋も玄米を炊くときだけ。肉を煮込んだりはし

「機能と見た目のバランスも大事ですよね」

奥平

ません。それよりも、もっとスーッと切れるとか、するっととれるとか。使っていて気持ちがいいものが多いように思います。

O さっき機能性を重視と言いましたけど、見た目とのバランスも大事ですよね。機能だけではつまらないし、見た目だけでも使いづらいし。どちらかだけだと、結局使わなくなってしまう。そのバランスがいいものは使っていてワクワクします。

T 見た目と機能のバランスのいいものは、使っていて楽しいですよね。私の場合、道具が好きすぎて、その道具を使いたいために何かを作ることもよくあります（笑）。ところで、今欲しいものってあるのかな？

O 今は特に……。あ、ひとつだけありました！ ポテトサラダやマッシュポテトを作るときに、じゃがいもをつぶす道具。

T あら！ 一昨日、ちょうどいいのが入ってきたわよ。持ち手のばねがやわらかいから力が入りやすく、マッシュしやすいの。で、ハンバーグの肉だねを混ぜるときにも使えるのよ。

O ひき肉を練り混ぜるときですか？

T そうなの。手で肉だねを練り混ぜると手の温度が肉に伝わって肉の脂が溶けてしまうおそれがあるのだけど、これを使えばその心配もなし。粘りが脂を抱え込むから、加熱したときにジューシーに仕上がるの。

O へぇ～。

T お客さまからの紹介なんですけどね。奥平くんも、いい道具を見つけたら教えてくださいね！ 情報交換は大事ですから。

O はいっ！

「いい道具を見つけたら、教えてね。これからも情報交換しましょう」

土切

わが家の台所

家を改築するとき、いちばんこだわったのが台所です。
快適な空間にするために、建築家とオーダーキッチンの家具屋さんと私の三人で
知恵を出し合いながらつくりました。

TEA

わが家の台所は、お店の左奥に位置しています。お店を開くときの「実際に、お店で置いている商品の経年状態を見てもらいたい」という思いどおり、お客さまからも見えるようになっています。十数年前にこの家に引っ越して改築したときからほとんど変わっていません。改築前はリビング、和室、キッチンの3部屋に完全に分かれていて、8畳の台所は、昔の家によくある北向きで窓がない暗い雰囲気。明るいキッチンにしたいというのが改築時のいちばんの希望でした。

オープンカウンターにしたのは、家族の顔を見ながら料理がしたかったのと、庭が見える見晴らしのいい空間にしたかったからです。でき上がってみると、望みどおり、開放感のある気持ちがいい場所になりました。ここから見えるシマトネリコの木は引っ越してきたときに植えたもの。当時160cmしかなかったのが、今やすっかり大きく立派な木に生長しました。台所を明るくするために天窓も2つつけました。やわらかい日が差し込み、コンロ奥にかけてあるせいろやかごをスポットライトのように照らします。日が当たるおかげでせいろもすぐに乾き一石二鳥です。

特にこだわったのはシンクまわりです。道具もそうですが、私はステンレスの持つ清潔感が好きなので、シンクは絶対にステンレス、と決めていました。ただ、当時も今も人気の業務用ステンレスキッチンは無骨でかっこよいけれど収納に工夫が必要になり、オープン収納を使いこなさなくてはなりません。加えて、自分が求めていたのはもう少し温かみがあるキッチン。そのため、ステンレスに木をうまく組み合わせたいと希望しました。建築家のかたに相談すると、費用がかさむとのこと。でも、ここだけはどうしても譲れません。結局、何社か比較して、オーダー家具と木製キッチンを得意とする㈱クニナカさんに設計・施工を依頼しました。アルダー無垢材を使って引き出しを作り、ステンレスを組み合わせたL字形キッチンは細部までこだわった納得の仕上げになりました（シンクはダブルシンクがよかったかな）。本当は、コンロから続く収納棚も同じように作りたかったのですが、予算オーバーでそちらは断念。もともと持っていた無印良品の木製棚の脚を切って高さをコンロよりも少し低くし、その上に古道具屋で購入した浴衣の張り板をのせて棚を作りました。現在、上の棚にはオーブンや炊飯土鍋、乾物類を置き、下の棚は鍋やトレー置き場として活用しています。

いちばん気に入っているのは、コンロ下のオープン収納です。ここは鍋置き場と決めていたので、重い鍋を取り出しやすいスライド式に。「鍋が11個入るように」とお願いして作ってもらいましたが、その後お店を始めたこともあり、鍋は増える一方。結局、鍋置き場はどんどんスペースを広げ、隣のコンロ横の棚にも進出してしまいま

ご飯茶碗、お椀、１人用目玉焼き器など毎日使うものは、窓の前の棚に。取り出すのも、しまうのもラク。

天窓の真下には、せいろや蒸し網、ざるをかけて収納。パントリーの側面に板を張り、プッシュピンで留めているだけ。

コンロ下のスライド式収納棚は重い鍋も取り出しやすい。費用はかなりかかったが、上下とも引き出し式に。

コンロから続く手作りの棚。キャスターをつけたワインケースには空きびんを収納。根菜類は風通しがいいようにかごに。

Panasonic
BRANAIRE
2000

したが。長年米びつとして使っているホーロー缶（P.67）もこのスライド式棚のいちばん手前に入れています。スーッと引き出せば、開けたふたも棚にぶつからず、快適にお米を計量することができます。

シンク横の棚はお皿置き場です。最初は奥行きの浅い棚を取り付け、コーヒーカップ置き場にしていました。けれど、ストッパーのない浅い棚は実用性がなくただの飾り棚。そこで棚を取り外し、ディッシュスタンドの機能を持つ棚にしたところ、大正解。ほどよい目隠しになりながらも、圧迫感のない空間に生まれ変わりました。現在は棚に器やざるをのせたり、竹かごを置いてクロス類を収納しています。下にはワイヤをつるし、ふきんかけとして使用中。このディッシュスタンドの棚は、お店から見たときの台所のアクセントにもなっているようです。もともとの浅い棚も廊下に移動し、カップ置き場としていまだ健在です。このように、使いながら自分や家族の使いやすいようにマイナーチェンジを繰り返していくのは、マンションに住んでいたころと少しも変わりません。

ダイニングの壁にあるお茶の道具コーナーは、最近取り付けたもの。Ki-to-te 前田さんに相談していましたが、待ちきれずに北欧のビンテージの棚を購入してしまいました。サイド部分がはしご状のスチールなので〈抜け〉ができ、台所側からダイニング側を見たときに存在感がありすぎないのがいいところ。毎朝使う辻和金網さんのドリッパーとガラスサーバーのセット（P.22）やお試し中のコーヒー道具を飾っています。このコーナーはお客さまにも人気なようで、あるかたは「まねして同じような棚を作ったのよ」と写真を見せてくださいました。

　お店にすると決め、今までリビングだったスペースを改築することにしたとき、建築家のかたからは「お客さまから台所が見えないほうがいいのではないか」「旦那さんの居場所を確保しましょう」と提案を受けました。でも私は、すこーんと全部見える空間にしたかった。それは台所が見えることで、お客さまが自分の家で道具を使用するイメージがしやすいと思ったから。とにかく閉塞感のない気持ちのよい空間になるようにしました。夫や娘は最初はお客さまから見える場所にいることに慣れず、ずいぶんと迷惑をかけたかもしれません。でも、あるときから自然に普通に生活すると決めたようで、お客さまがいても時間になると夕飯の準備を始めています。遠慮なく、あじの干物を焼きはじめることもあるほど。「あら、うちも夕飯は干物にしようかしら」なんてお客さまがおっしゃったりすると、これこそが私がつくりたかったお店の形なのだと、作戦が成功したような気分になります。

シンク横のディッシュスタンドにはざるや木のお皿など。ここから店内が見える。

計量スプーンやサーバーなどはガラスびんに入れて作業台の上にスタンバイ。

木べらやしゃもじは、陶器のカップに入れてカウンターの上に。

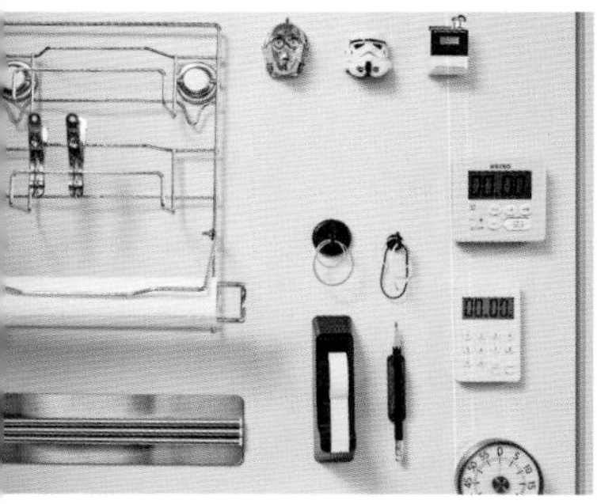

タイマーやペーパータオルは冷蔵庫に貼りつけて。左下のふきん掛けは保存袋を乾かすためのもの。

カウンター中央の柱にかけているのは、鳥井金網工芸さんの箸立て。そこに茶こしやカンロレードルをさして。

コンロ下の細い棚には調味料を。しょうゆ、みりん、酒はセラーメイトのワンプッシュ便利びんに詰め替え。

ステンレスの保存容器は生ごみ入れ。

お菓子やおつまみはかごに入れて目隠しし、目立たないようコンロ横の棚に。

たわしやアクリルたわしは、水きりかごにひっかけて水きれよく。

台所にはゆくゆくテーブルを置き、昼食をとるスペースをつくるつもり。写真は当初、台所用にと買ったアアルトのテーブルを置いてみたところ。サイズがぴったりだったため、現在はお店のセンターテーブルとして活躍。

ダイニングから台所を見たところ。ここからの眺めも気に入っている。

お茶道具コーナー。お気に入りのコーヒーサーバーやカップなどを並べて。

中村好文さんの椅子。台所で、ささっと食事をとるときなどに便利。

土切敬子　**つちきり けいこ**

東京・井の頭公園駅近くにある「だいどこ道具 ツチキリ」店主。武蔵野美術大学卒業・同大学院修了後、テキスタイルの企画デザイン、食品関連のアートディレクターを経て 2017 年 5 月「だいどこ道具 ツチキリ」をオープン。自らが使用してから選びぬいた道具は、シンプルで美しく、使い勝手のいいものばかり。2021 年 10 月、「ほぼ日刊イトイ新聞」web サイトにて「だいどこ道具 ツチキリ ほぼ日支店」を Open!　インスタフォロワー数 1.8 万人超。

daidoko_tsuchikiri

ブックデザイン　**茂木隆行**

コレ買いました！▷トマトピーラー（P.71）▷季節を問わず「果物食い」のわが家にぴったりなピーラー。桃もプラムもいちじくもキウィもつるりと皮がむけ、とても気持ちがいいです。

撮影　**竹之内祐幸**

コレ買いました！▷耐熱ガラスサーバー（P.22）▷使うたびに毎回ほれぼれしてしまうフィット感です。サーバーだけでドレッシング入れなどにも活用しています。

構成・取材　**飯村いずみ**

コレ買いました！▷ハクション大魔王の揚げ鍋（P.90）▷やっと気に入る揚げ鍋に出会えました。小さめサイズは野菜の揚げびたし作りにぴったり。その他の揚げものの回数もぐんと増えたのは言うまでもありません。

編集　**井上留美子**

コレ買いました！▷木製のレモン絞り器（P.58）▷これまで長年いろいろなレモン絞り器を使ってきましたが、これは本当によく絞れて、もう他のものには戻れません！　そして、このほかにもたくさん台所道具を買ってしまったことをここに告白します……。

校閲　**みね工房**

2021 年 12 月 9 日　第 1 刷発行

著者　土切敬子
発行人　鈴木善行
発行所　株式会社オレンジページ
〒 105 - 8583　東京都港区新橋 4 - 11 - 1
電話　03 - 3436 - 8424（ご意見ダイヤル）
03 - 3436 - 8404（編集部）
03 - 3436 - 8412（販売 書店専用ダイヤル）
0120 - 580799　（販売 読者注文ダイヤル）

印刷・製本　図書印刷株式会社

ISBN978 - 4 - 86593 - 468 - 7